MÜCK · KARPFENSCHWA~~N~~TZ

Dieses Büchlein widme ich
meinen Töchtern Christina & Kerstin

Wolfgang Mück

T

KARPFENSCHWA~~N~~Z

Histörchen um den Aischgründer Karpfen

Monotypien
von Paul Reutter

Neustadt an der Aisch 1990

Text und Idee von Wolfgang Mück
Monotypien von Paul Reutter
Layout von Eva-Maria Kraus
und Volker Saalfrank
Den Text setzte Verlagsdruckerei Schmidt GmbH
in Garamond.
Gedruckt wurde auf 170 Gramm holzfreies Offsetpapier
Vorsatz 130 Gramm Bugra-Bütten.
Die 4-Farben-Lithos fertigte
Repro Hetzner in Nürnberg, alle anderen
Repros sowie Gesamtherstellung
Verlagsdruckerei Schmidt GmbH
Neustadt an der Aisch
Herausgeber Verlagsdruckerei Schmidt GmbH
Neustadt an der Aisch
Verlag Ph. C. W. Schmidt
Neustadt an der Aisch
ISBN 3–87707–450–2

Vorwort

Das Silvestermenue auf dem deutschen Erholungsdampfer „Columbus“ wies im Jahre 1935 eine besondere Spezialität auf: es gab echte Aischgründer Spiegelkarpfen. Mit Stolz und Genugtuung wurde dies im Aischgrund aufgenommen. Und es wird heute noch erzählt. In den Dorfwirtschaften von Gerhardshofen oder Forst und beim Abfischen der Weiher von Altenbuch, Göttelhöf oder Willmersbach taucht der Name des Oekonomierats Georg Stang auf: dieser rührige Teichwirt hatte in seinen Weihern oberhalb der Vahlenmühle und in Tanzenhaid so gute Zuchterfolge mit dem Aischgründer Spiegelkarpfen erzielt, daß seine Brut per Dampfer bis nach Brasilien und nach Java exportiert wurde. Seltene Teichrosen, die er von Südamerika als Gegengabe erhielt, zieren heute noch seine früheren Teiche. Der mitgeschickte Papagei Lora jedoch, ein legendärer Vogel, ist lange schon tot.

Der Aischgrund gilt als das „Karpfenland“ schlechthin. Eine Jahrhunderte alte und erfolgreiche Teichwirtschaft trug entscheidend zum guten Ruf des *Aischgründers* bei. Unter Deutschlands Feinschmeckern ist er bestens bekannt: der *Spiegelkarpfen.* Der Franke allerdings tut wenig, ihn über die Grenzen seiner Heimat hinaus publik zu machen, denn meistens reicht der Ertrag eines Jahres nicht einmal für den eigenen Bedarf.

Und der Fremde, der durchs Aischtal fährt, er merkt vom Auto aus wenig von den vielen Weihern, die abseits der Straße liegen. Er müßte das Auto verlassen und sich in eines der kleinen Seitentäler begeben, wo Weiherketten treppenförmig auf die Randhöhen hinaufsteigen. Oder: Er sollte die breiten Auen der Ostabdachung des Keuperlandes aufsuchen, wo um Ailersbach, Biengarten oder Boxbrunn, um Buch und Weisendorf oder Kairlindach, Dechsendorf und Kosbach sich eine Weiherlandschaft ausbreitet, die an die Seenlandschaften Nord- und Ostdeutschlands erinnert.

Überall, allüberall wird der Reisende auf den *principalen Fisch* stoßen, einen Fisch, wie es ihn sonst in Süßwassern nicht mehr gibt: den *Aischgründer Spiegelkarpfen.*

Da es mit den Fischern ähnlich ist wie mit den Jägern: sie erzählen viel, und da der Historiker, der sich mit dem hiesigen Raum beschäftigt, eines Tages unweigerlich mit der Geschichte der Teichwirtschaft konfrontiert wird, begann ich u. a. auch Histörchen um den Aischgründer Karpfen zu sammeln. Diese Marginalien zu einer künftigen Geschichte der Teichwirtschaft im Aischtal wurden gelegentlich schon in der „Fränkischen Landeszeitung“ veröffentlicht. Auf Wunsch hin erschienen sie im Druck.

Mein Freund Paul Reutter, Wahlfranke aus Passion, schuf mit seinen Monotypien treffliche Illustrationen zum Thema Karpfen. Zum leiblichen Genuß, der uns allen geläufig ist, wollen wir den des Auges und des Geistes hinzufügen. Möge dieses Büchlein den Ruhm des *Aischgründer Spiegelkarpfens* weithin in alle Lande tragen.

Das Zustandekommen dieser kleinen Sammlung haben viele begünstigt, denen hier gedankt sei: Heinz Kühlwein und Sigmar Schwarz für Hinweise auf Fundstellen, den Aischgründer Fischern für ihre Schnurrpfeifereien im Wirtshaus und an den Weihern, Hans Schmidt jr. für die Herausgabe, Peter Sacher fürs Korrektur-Lesen, dem Lehrherrn meiner Tochter, dem Schwäbisch-Gmünder Gourmet-Koch und Lebenskünstler Vincent Klink, der mich zur Darstellung der Geschichte des Aischgründer Karpfens inspirierte.

Neustadt an der Aisch
Oberstrahlbach — im September 1990

Inhaltsverzeichnis

Erfüllter frommer Wunsch: der kreisrunde Karpfen

Ein Bamberger Bischof, so weiß die fromme Sage zu berichten, habe eines Tages den Wunsch geäußert, er wolle zwar einerseits das Fastengebot erfüllen und keinen Karpfen zu sich nehmen, der über den Tellerrand hinausrage, andererseits sein körperliches Verlangen nicht ganz unterdrücken, kurz: er wünsche sich einen Fisch, der ihm den Teller fülle.

Zuchtergebnis dieses frommen Begehrens: der wegen seiner Hochrückigkeit charakteristische Aischgründer Karpfen. Ähnliches wird aus dem Aischtal auch berichtet, aus den Klöstern Münchsteinach, Birkenfeld und Riedfeld. Als unmäßig galt bei den Mönchen und Nonnen die allzu üppige Fastenspeise. Um innerhalb der schicklichen Grenzen zu bleiben, dem Leib zu geben, was der Leib begehrte, vervollkommneten klerikale Seemeister die Schöpfung und schufen den sich der Kreisform nähernden Fisch: den Tellerkarpfen.

Gewiß, solche Histörchen sind erfunden, Ergebnis von Pfaffenhaß und Unverständnis monastischer Lebensweise. Und die Wissenschaft weiß es besser: hochrückig sind die Aischgründer, weil sie in Deutschlands wärmsten Weihern wachsen: in die Höhe vor allem, nicht in die Länge.

Kaiser Karls Königshöfe: Machtzentren und landwirtschaftliche Mustergüter

Zugegeben: über den Beginn der Aischgründer Teichwirtschaft gibt es keine gesicherten Nachrichten, wir leben in einem

Monotypie

P. Pentto 90

quellenarmen Landstrich, zumindest in bezug auf die historischen Quellen.

Gemeinhin wird angenommen, daß die Karpfenzucht in den künstlich angelegten Gewässern, den Lösch- und Tränkbecken, den Mühlenweihern, den Staugräben um Burgen und Stadtbefestigungen begann – demnach eher zufällig? Kaum. Aus der Karolingerzeit stammt wohl der älteste Beleg über die Anlage von Teichen zur Deckung des Fischbedarfs. In einem Sendschreiben, das an alle Königshöfe ging, natürlich auch an den Königshof Riedfeld, der ja schon 741 erstmals erwähnt ist, in diesem Sendschreiben werden die Verwalter der Königshöfe angewiesen, schon bestehende Teiche zu belassen, verfallene in Stand zu setzen und überall dort, wo sich noch keine befinden, ihre Anlage aber möglich sei, neue anzulegen.

In dem Sendschreiben „*Capitulare de villis vel curtis imperii*" ist u. a. die landwirtschaftliche Organisation bis ins kleinste geregelt, natürlich auch die Teichwirtschaft erfaßt.

So werden die *Judices,* Verwalter der Königshöfe, angewiesen, die Teiche zu pflegen und zu vermehren und überall dort, wo noch keine sind und sie von Natur aus angelegt werden können, solche zu errichten.

Karl, dem bei allem auf das Große gerichteten Weitblick auch die Alltäglichkeiten des Lebens nicht fremd waren, bot den Verwaltern der einzelnen Höfe insofern einen Anreiz, als er sie am finanziellen Gewinn beteiligte.

Franken als erobertes Land, mit einer Vielzahl von Königshöfen übersät, könnte von dieser Bestimmung Karls des Großen profitiert haben: was spricht dagegen, den Beginn der Aischgründer Teichwirtschaft an den fränkischen Königshöfen des frühen Mittelalters zu suchen? In einem Gebiet, das sich mit den Eckpunkten Windsheim, Riedfeld, Höchstadt, Herzogenaurach, Fürth, Forchheim umreißen läßt?

Die fränkischen Königshöfe, sie waren nicht nur Machtzentren der Eroberer, sie waren zugleich Stätten einer vollkommenen

Land- und Hauswirtschaft, der Künste und Gewerbe, der Ackergeräte, neuer Fruchtgattungen, besserer Vieharten, der Obstbaumzucht – und auch der Fischerei.

Im Gebiet des ehemaligen Königshofs Riedfeld, der von Bach- und Ortsnamen umgeben ist, die auf systematische Erschließung hinweisen, finden sich Dutzende von Weihern. Dammreste weisen in der Landschaft auf die frühere Nutzung hin. An Sachsenbach und Erlbach, an Strahlbach wie am Schweinebach mit dem Beerbach und dem Dachsbach, am Aalbach, dem Nesselbach und dem Tiefenbach werden auch heute noch die Weiler bewirtschaftet wie vor über 1000 Jahren. Und die Menschen in Unter- und Obersachsen, in Kleinerlbach, in Unter- und Oberstrahlbach, in Unter- und Oberwalddachsbach, in Weiherhof, in Altheim, Ober- und Unternesselbach und in Diebach pflegen ihre Weiher, wie es der große König angeregt hatte.

Zum Kloster gehörig: . . . Wiesen, Wälder, Weinberge, Weiher, Wasser und Fischereien

Eine der ältesten Urkunden, die sich auf den Aischtalraum beziehen, eine Urkunde, die in dem abgegangenen Kloster Megingaudeshausen über dem Fluß Leymbach im März 816 ausgestellt wurde, läßt einen hohen Entwicklungsstand der Kulturlandschaft erkennen: da werden Güter und Orte im Iffgau, am Laimbach und im Ehegrund mit allen Zugehörungen, Äckern, Wiesen, Wäldern, Weinbergen, Weihern, Wassern, Fischereien etc. weiterverliehen.

„Es ist klar“, so Neustadts zweiter Chronist, der viel zu wenig gerühmte Georg Ludwig Lehnes in seiner „Geschichte der Stadt

Neustadt a. d. Aisch“ aus dem Jahre 1834, „es ist klar, daß auch um so mehr der fettere Aischgrund, welcher nur eine Stunde von jenem entfernt ist, kultiviert war“.

Eine Hypothese, gewiß – doch nicht unwahrscheinlich. Fügen wir unser Wissen über die Bedeutung der fränkischen Königshöfe hinzu, dann wird sie doch sehr wahrscheinlich.

Lust am Leben: „. . . Fischfang in den Weihern und Schloßgräben“

Albrecht Dürer war es, der die ersten deutschen Landschaftsbilder schuf, Höhepunkte eines frühen fränkischen Landschaftsportraits aus der Gegend um die alte Reichsstadt Nürnberg: da kehrt auch die Weiherlandschaft wiederholt als Motiv wieder.

Von Willibald Pirckheimer, dem vielseitig Gelehrten von europäischem Rang, dem langjährigen Vertrauten des Malers, kennen wir Lobpreisungen der heimatlichen Landschaft und des ländlichen Lebens.

1521 vor der Pest aus Nürnberg aufs Land geflohen, nach Neunhof, beschrieb er den Blick vom Amtssitz des Schwagers, vom Schloß herab:

„Dann wo man die Augen hinwendet, da sieht man alles grünen und lachen, daß solcher massen nicht allein das äusserliche Gesicht durch eine angenehme Vorstellung erfrischt, sondern auch das innere Gemüt übernatürlicher Weise erquickt wird.

Der Ort zwar ermangelt des Weinwachsens, jedoch wird solcher Mangel hingegen durch andere Nutzbarkeiten ersetzt; sintemal er neben der sonderbaren Fruchtbarkeit des Bodens auch viel Fällholz und eine gute Viehweide hat: wird auch ringsherum von stets rinnenden Brünnlein befeuchtet, die unter-

Monotypie

schiedlich aus ihren kühlen Quellen hervorsaußlen, nicht nur zu Begiesen der Matten oder Wiesen dienlich, als auch zu Unterhaltung der Weiher und Fischbehälter bequemlich; massen sie von der Hügeln Höhen herabrißlen und mitten in dem Flecken zusammen schlagen, allda sie in der Ebene ein helles und fischbesetztes Bächlein machen, das durch des Tales Furchen, gegen der Sonnen Niedergang zu, mit einem anmutigen Geräusche fället, und von seinem Abfluß die Weiher und Behälter reichlich anfüllt[. . .].

Es wallen aus den benachbarten Dörfern viel Menschen hierher teils des Badens wegen (weil es öffentliche Badgerechtigkeit hier hat), teils aus Andacht, vornehmlich an denen Feiertagen, da man des Gottesdienstes und der Predigt abwartet; nach verrichtetem Gottesdienst aber treiben sie ihren Feiertags-Lust, indem ihrer etliche ins Wirtshaus zum Zechen gehen, andere hingegen die Kugel und Kegel schieben: dann die Würfel-Spiele hier nicht erlaubt sein. Was aber noch junges Alters ist, als ledige Personen, Knechte und Mägde, die laufen zum Tanze, und springen artlich und eifrig nach der Schalmeien herum. Nun dieses alles kan man gar wol vom Schloß herab im Gesicht haben.

Was erzähle ich aber viel von solchen Scherzspielen? da ich doch auch zugleich die Rehe- und Hasen-Jagd und den Fischfang in den Weihern und Schloßgraben mit ansehen kan. Dann mit dergleichen tun die Meinigen sich stetig üben."

Nur wenige Jahre später entstand die „Cosmographey" des Sebastian Münster. In dieser Landschaftsbeschreibung lesen wir:

„Gar mitten in Deutschland liegt das Franckenland und wird umbfangen mit dicken Wäldern und rauhen Bergen . . . Das Franckenland ist auch an manchen Orth wol erbauet mit hübschen Obs-Gärten und lustigen Wiesen. Es ist erfüllt mit Leuthen und allerley nutzlichen Thieren. Die Wasser seynd fischreich."

Ohne Zweifel: die Weiherlandschaft, sie wurde früh schon als markantes Landschaftskennzeichen Frankens gesehen.

Den guten Ruf Frankens begründet: „... ohnzählbare Weyher und Teich"

Spielte der Hinweis auf die Lust am Leben und der Preis der wohlbestellten Landschaft bei Pirckheimer und Münster die entscheidende Rolle, so hebt der Hochfürstlich Bambergische Beamte Johann Ludwig Heger in seiner „Teich und Weyher= Lust" von 1727 den guten Ruf des „Hochedlen Frankenlandes" und den „guten Gewinst" hervor:

„Ich ... lasse nur daß Hochedle Franckenland/ und in solchen absonderlich/ das Kayserliche Hochstifft/ Bamberg/ dann den daran gräntzenden Steigerwäldischen Bezirck/ einen der Orthen wohl bekandten Fischer-Meistern wohl überlegen; In was für einen gewünschten Stand befindet man nicht die hin und wider/ fas ohnzahlbare Weyher und Teich/ welche alljährlich mit den allergrösten Gewinst gefischet/ die gefangene Fisch in auswendig entlegene Länder und Reichs-Städte überführt/ daselbst bewundert/ und um den besten Preiß verkaufft werden?"

Johann Ludwig Heger war einer der Teichwirte, die der fränkischen Teichwirtschaft entscheidende Impulse gegeben haben. Der Experte konnte dabei aufbauen auf eine lange Familientradition. Als Sohn eines hochfürstlich bambergischen Forst- und Fischermeisters geboren und mit der Jagd und Fischerei aufgewachsen, faßte er 1727 die Kenntnisse über die hochentwickelte fränkische Teichwirtschaft in einem Lehrbuch zusammen, das er allen „Liebhabern der fränkischen Teichwirtschaft" widmete. Sein Titel ist Inhaltsangabe und Interpretation zugleich:

> Landwirthschäfftlicher Teich- und Weyher-Lust/oder Gründliche Information zur Edlen Fischerey, Wie bey dieser so wohl die Teich und Weyher auf das beste eingericht, als auch in solche die Fisch zum grösten Nutzen der hoch-löblichen Landwirthschafft eingesetzt und erzogen werden sollen.

Monotypie P. Reitter 90

Allen Liebhabern der Edlen Fischerey nebst einer annectirten kurzen Regul, was bey der Edlen Fischerey das gantze Jahr durch, absonderlich in einem jeden Monath am nothwendigsten zu observiren, das erste mahl im Druck herausgegeben
Durch Johann Ludwig Heger.
Franckfurth und Leipzig /
Verlegts Johann Georg Lochner. A. 1727.

„Gute taugliche Karpffen: ... großbucklicht und lang, gelb an Bauch und voller Rogen“

Eine gehörige Portion, darunter versteht der Franke einen mindestens 1 bis 1½ Pfund schweren, der Länge nach in zwei Hälften geteilten Fisch, wobei auch Schwanz, Rücken- und Bauchflossen säuberlich in der Mitte zerteilt werden, denn: angeboten wird der „halbe gebackene Karpfen“. Das war schon im 18. Jahrhundert so: „Es ist wahrhafftig ein schlechtes grädiges Fischlein um einen pfündigen Karpffen. Die beste Karpffen seynd/ da deren 30. biß 36. auf einen Centner gehen.“

Nun ist aber die Größe abhängig von vielen Faktoren. Diese sucht der Fischzüchter zu beeinflussen.

Unmöglich beim Wetter, da ist es wie beim Wein: „Ist es ein gutes warmes Jahr / so seynd Wein und Fisch in einer guten Vollkommenheit“. Auch in schlechten Jahren hat der Aischgründer Karpfen einen großen Vorsprung vor allen Artgenossen in Mitteleuropa: er wächst in Deutschlands wärmster Teichlandschaft heran, weist doch das Aischtal gegenüber seiner Umgebung eine um 1–2 Grad höhere Jahresdurchschnittstemperatur auf, verbindet es doch zwei trockenwarme Land-

Monotype P. Reitte 90

schaften miteinander: das Maingebiet und das Regnitzbecken. Und – die flachen Abwachsteiche, in denen die Fische im 3. Jahr zu drei- bis vierpfündigen Speisekarpfen heranwachsen, sind nur 0,6–1,5 Meter tief. Sie erwärmen sich rasch. Das ist nicht immer von Vorteil, in heißen Sommern kann es vorkommen, daß ein Teich umkippt. Neue Weiher werden häufig tiefer angelegt, alte erhielten einen Betonmönch, einen Ablaßkasten mit verschiebbaren Brettern; dieser brachte gegenüber den alten „Schlegeln“ gut 30 Zentimeter mehr Wasserhöhe. Vom Risiko wußte man schon früher: „Bienen, Fisch und Teich, bist bald arm, bald reich.“

Die seichten, warmen Teiche, so die moderne Wissenschaft, führten zu raschem Wachstum, zur Hochwüchsigkeit des Aischgründer Karpfens. Zuchtmaßnahmen haben dieses Merkmal vervollkommnet. Gezüchtet wird schon lange, und das „Schönheitsideal“ – wenn man denn bei einem Fisch von einem solchen sprechen darf – ist über Jahrhunderte hinweg konstant geblieben:

> „Eine gute Arth von Fischen / absonderlich was den principalsten Fisch / nemlich den Karpfen anbelanget / zu überkommen / so muß man bey der Herbst=Fischerey gute taugliche Karpffen im dritten Jahr zum Mutter= oder Laicher=Karpffen auswehlen / diese sollen vollkommen an Fleisch und an Schuppen ohnzerstossen an Flossen / großbucklicht und lang / gelb an Bauch / und voller Rogen seyn. Der Bauch aber soll nicht rund seyn / als welches gemeiniglich ein Zeichen einer Wasser=Blasen ist / wodurch die Fisch bald zu Grund gehen / der Kopf solle nicht zu lang / und etwas tieffer / als der Buckel stehen / also / daß derselbe eines Viertels Zoll höher / die Augen sollen um ein Drittel heraussen voller Fett liegen.“ Solch ein ausgewählter Mutter= oder Laicher=Karpfen wird respektvoll „Schlagmutter“ genannt, so der genannte Johann Ludwig Heger 1727.

Entschieden wandte Heger sich gegen die längliche Form des Karpfens, wie sie im südlichen Mittelfranken und in der Oberpfalz auch heute noch vorherrscht:

> „Die Karpffen / so gerad / lang und rund / wie die Manghöltzer / diese seynd gäntzlich auszureuthen / und keineswegs für Mutter zu gebrauchen / dann solche / da sie auch Ellen lang seynd / kaum ein Pfund wagen; In sich ist auch solche lange Arth unwüchsig / und voller Greth."

Trotz dieses leidenschaftlichen Plädoyers für den hochrückigen Karpfen gibt es die „Manghöltzer" noch heute. Ein Teichwirtschaftsberater der Regierung von Mittelfranken, von der Idee des schlanken Karpfens ganz erfüllt, hatte in den 20er Jahren die Teichwirte vor allzu plumpen Züchtungen gewarnt:

> „Die Aischgründer Karpfenrasse ist bei den in den letzten Jahren durchgeführten Leistungsprüfungen gegenüber den längeren Rassen um 10–20% unterlegen. Als Grund muß man annehmen, daß der Aischgründer mit seiner kurzen Form bereits an der Grenze des Möglichen liegt und daß er durch seine plumpe Form im Wettbewerb mit längeren Rassen unterliegen muß. Hört man aber die Ansichten der Züchter, so dünkt ihnen der Karpfen, der den höchsten Rücken aufweist, als das erstrebenswerteste Zuchtziel. Hiervor muß eindringlich gewarnt werden. Denn alles Unnatürliche rächt sich."

Allen Warnungen der Experten zum Trotz liegen die Züchter nach wie vor bei einem Höhen-Längen-Verhältnis von 1 : 2. Versuche, einen schuppenlosen Karpfen zu züchten, waren vergeblich: geringes Wachstum und mangelhafte Flossenausbildung dokumentieren, daß die Aischgründer Rasse sehr alt ist. Mehr Erfolg hatten die Züchter bei dem Versuch, die Zahl der Y-förmigen Zwischenmuskelgräten zu verringern: statt ihrer 99 findet der Karpfenesser nur noch 90 pro Karpfen. Ein echter Fortschritt! Der Kenner wird sich freuen, der Könner lächelt, weiß er doch, daß, wenn er am Bauch zu essen beginnt, ihn keine Gräten behelligen. Hat er sich zum Rücken hochgegessen, dahin, wo die Gräten sitzen, verlangsamt er das Tempo. Und wenn er zuletzt das Bäckchen öffnet, hat er – gleichsam als Belohnung – grätenlosen Genuß vor sich.

Monotypie

Farbe und Beschuppung des Tellerkarpfens haben sich geändert. Bevorzugte das 18. Jahrhundert noch „rauhe“ oder „Fränkische“ oder „Oberpfälzer Karpfen“ – bläulich bis blaurot und reich beschuppt –, so wird heute der gelbliche Karpfen mit wenigen Schuppen, der Spiegelkarpfen, bevorzugt:

> „Will einer lauter rauhe Karpffen haben / so setze er nur zu einer rauhen Mutter= oder Laich=Karpffen / rauhe Milchner und Laimer Setzlinge / so wird er gewiß lauter solche Bruth fangen. Incliniert aber einer zu Schleyhen- oder Spiegelkarpffen / so ist ebenfalls die Einsetzung von solchen Sortensetzlingen zu observiren. Meines Erachtens ist wohl / wann man sich bemühet / die Bruth in vermengter Gattung zu fassen / varietas enim delectat.“

Schon das Grimmsche Wörterbuch sprach vom Spiegelkarpfen als dem Karpfenkönig: die edelste Karpfenart, heißt es da, sei der Spiegelkarpfen.

Wo die Weiher Weiher heißen: eine Wortklauberei

Ach ja, die Weiher.

Weiher heißen die Teiche mit ihren überwachsenen Ufern schon lange. Ein lateinisch Wort stand Pate: vivarium, althochdeutsch wi(w)ari, mittelhochdeutsch wi(w)are. In vielen Ortsnamen enthalten: Weihersberg, Weihersbuch, Weiherhaus, Weiherhof, Weiher- oder Weihersmühle, Weihersmühl und Weiherschneit oder schlicht und einfach: Weiher. Teiche kennt der Aischgründer Mensch nicht, allenfalls als Neuerung das Wort Teichwirtschaft, fränkisch Deichwerdschafd.

Im Bambergischen und im Würzburger Sprachraum heißen sie auch Seen, die Weiher, wie der „Wolfsee“ oberhalb von Schloß

Monotypie

Schwarzenberg bei Scheinfeld. So sind die Teichwirte dort die Seemeister.

Ach ja, die Weiher.

Sind Sie schon einmal an einem verträumten Waldweiher gesessen?

Am Pfaffen-, Bischofs-, Kirchenweiher? Am Loch-, Anger-, Thor- oder Stadelweiher? Am Bleich-, Mühlen-, Tränkweiher? Am Stöck-, Streich-, Buschen- oder Holzweiher? Am Streit-, am Galgenweiher? An einem Himmelsweiher?

Himmelsweiher nennt man die Teiche, die keinen natürlichen Zufluß haben. Sie erhalten ihr Wasser ausschließlich durch Niederschläge, direkt vom Himmel.

Es gibt Zehntausende von Weihern. Immer etwas abseits gelegen. Als Weiherketten in schmalen Tälern, als Seenlandschaft ausgebreitet im flachen Gelände. Mitten in Franken. Es sind Inseln der Ruhe in unserer oftmals so hektischen Zeit.

Frommen Frauen garantiert: „Ein seydelein Weyns, ein stük vische und ein schön brot“

Nachdem sich der ehemals fränkische Königshof Riedfeld zu einem Kristallisationspunkt der Herrschaft der zollerischen Burggrafen von Nürnberg am Mittellauf der Aisch entwickelt hatte, entstand nur wenige Kilometer flußaufwärts das Zisterzienserinnenkloster Birkenfeld: im Jahre 1275/76 durch Burggraf Friedrich III. und dessen Gemahlin Helena von Sachsen gestiftet. Es war für adelige Insassinnen bestimmt; deren Mitgift bildete zusammen mit der Dotation der Stifter eine gesicherte wirtschaftliche Grundlage des Klosterbetriebs.

Der Standort des Klosters war sehr sorgfältig gewählt. Es lag hochwasserfrei auf einer Verebnung des Schilfsandsteins, die Felder wiesen teilweise Lößauflage auf, der Hutsberg mit seinen nach Südwesten ausgerichteten Hängen bot gute Voraussetzungen zum Weinbau, und das Schweinebachtal schließlich, umrahmt von Wäldern, lieferte mit einem Quellhorizont und den nässestauenden Lehmschichten eine ausgezeichnete Basis für die Anlage von Teichen. Die „grauen Klöster" waren auf Fischteiche, auf Fischzucht und Ankauf angewiesen, war es doch den Zisterziensern nach ihrer Ordensregel untersagt, Fleisch zu sich zu nehmen.

Aus einer Urkunde der Äbtissin Anna aus dem Jahre 1359 erfahren wir, daß jeder Insassin des Klosters in Fastenzeiten „ein seydelein Weyns, ein stük vische und ein schön brot" garantiert war. Dies war kein Problem. Das Kloster hatte Besitzungen in 42 Orten der näheren und weiteren Umgebung: im Raum Dachsbach – Rezelsdorf – Rohensaas. Bauernkrieg und Reformation brachten für viele Klöster Frankens einschneidende Veränderungen, so auch für Birkenfeld. Längst waren die Ordensregeln des Hl. Bernhard in Vergessenheit geraten, und die Ordensväter in Citeaux wie der die Aufsicht führende Abt des Klosters Ebrach mußten sich im 15. Jahrhundert mit der Einhaltung der Klosterzucht beschäftigen.

„Die Lebensart in diesem Kloster" – schrieb in unnachahmlicher Art Karl Heinrich Ritter von Lang in seiner „Neueren Geschichte des Fürstenthums Baireuth" – „war ohnedem in den letzten Jahren sehr frey und anrüchig. Die Nonnen giengen in die Dorfschenke zum Tanz oder auch Abends zur Zeche. Sie aßen nicht, wie in anderen Klöstern, an einem gemeinschaftlichen Tisch, sondern jede führte ihre eigene Oeconomie."

Lang führt in diesem Zusammenhang die Rationen auf, die jeder Insassin zustanden. Zur täglichen Verpflegung gehörten Brot und 1/4 Ms. Wein, dazu kam dreimal wöchentlich Milch sowie „Ruben und Kraut nach Verlangen". Alles übrige gibt er in jährlichen Reichnissen an: 12 Fastnachtshennen, 15 junge Hühner, 12 Herbsthühner, dazu 1 Malter Hafer zum Füttern

Monotypie P. Reuter 90

der Hühner, die obligatorische Martinsgans, 13 Käseleibe, 34 Pfund geräuchertes Ochsenfleisch, 1/2 Schwein, 1 Metzen Gerstenmehl, 1 Metzen Hafermehl, 1 Metzen Linsen, 40 Heringe in den Fasten, 18 Pfund Karpfen, 7 Pfund Lachs, 3 Pfund Feigen, 1 Pfund Mandeln, 1 Pfund Weinbeeren, 1 Pfund Reis sowie 15 Gulden an Geld.

Der Fisch spielte offensichtlich eine große Rolle im Speiseplan; es fällt auf, daß der Karpfen hinter die „edleren“ importierten Seefische zurücktritt. Man geht sicher nicht fehl mit der Annahme, daß der Handelsfisch aus den Erlösen der eigenen umfangreichen Teichwirtschaft beglichen wurde.

Die Weiher im Schweinebachtal, von Weiherhof aus betreut, wurden erst am Ende des 18. Jahrhunderts in Wiesen umgewandelt. Der aufmerksame Wanderer kann sie noch erkennen:

Noch heute weisen in dem anmutigen kleinen Tal der an die nördliche Hangschulter verlegte Bachlauf und mehrere quer zum Tal verlaufende Dammreste inmitten von Wiesen auf die einstige Nutzungsweise hin. Wenn im Frühjahr der Löwenzahn auf den ehemaligen Dämmen und Zufahrtswegen blüht und die Wiesen in dunklerem Grün daliegen, entsteht jedes Jahr von neuem das Bild einer längst versunkenen Zeit; dann erinnert die Landschaft an die einstige Teichwirtschaft der Zisterze Birkenfeld.

Dreierlei Fürstenlust an einem Tage: Jagd auf Hirsche, Falkenbeize & Fischerey

Von Kaiser Maximilian, dem letzten Ritter, jenem kunstsinnigen und gebildeten Herrscher am Ausgang des Mittelalters, wird berichtet, er habe dreierlei Fürstenlust gepflegt: „Ein Landesfürst mag so an einem Tag dreierlei Fürstenlust haben: zuerst

Monotypie P. Penttu 90

Hirschen jagen über die Wiesen, danach Falkenbeizen und fischen lassen.“ – So jedenfalls weiß es das 1504 verfaßte *Fischereibuch* des Kaisers zu berichten.

Ähnliches ist auch aus unserer Gegend bekannt. In einem Salbuch des Amtes Cadolzburg aus der Zeit des jagdlustigen und tatkräftigen Markgrafen Albrecht Achilles lesen wir, daß das Abfischen des großen Weihers zwischen Bottenbach und Flugshof, in der Urkunde noch Unter-Bottenbach genannt, immer dann stattfand, wenn die Herrschaft zur Hirschbrunst in Cadolzburg weilte:

„Zween Weyer, unter Ober Bottenbacher Weyer genand, an einander gelegen, Sechs Morgen, darauf mann zu gemeinen Jahren uf den obern fünfhundert Karpfensezling, und den untern nachden mann je denselben zu grund nicht fischet, dreyhundert Karpfensezling sezt, stehen zwey Jahr, und werden solche weyer gewöhnlich, wann die Herrschaft in der Hirschbrunst zu Cadolzburg ist, gefischt.“

Jagdausübung war feudales Herrenrecht, dem Bauern streng verboten, der Fischfang dagegen in fließenden Gewässern auch ärmeren Leuten erlaubt, gegen Entgelt freilich. Viele Untertanen hielten sich eigene Weiher. Hier konnte beliebig gefischt werden. Ein kleiner Abglanz höfischen Lebens. Nicht minder die Lust des kleinen Mannes am Leben.

Beherzte Frauen demonstrieren: freier Fischfang für den „Gemeinen Mann“ gefordert

Als eine der Ursachen für den Bauernkrieg wird das Verbot des Fischfangs für den „Gemeinen Mann“, den bäuerlichen Untertanen der Grundherren, angesehen. Zwar gab es in Franken keinen Peter Päßler, der wegen wiederholten Übertretens eines Fischereiverbots durch den Brixener Bischof hingerichtet werden sollte und mit seiner Befreiung die revolutionäre Bewegung in Südtirol in Gang setzte, doch verliehen auch die fränkischen Bauern ihrer Forderung nach Freigabe der Fischerei dadurch Nachdruck, daß sie die herrschaftlichen Weiher ausfischten, in Forchheim beispielsweise die Bambergischen, in Großhaslach die des Klosters Heilsbronn.

Geistliche und weltliche Herren hatten Bäche, Flüsse, Teiche zu Bannwässern erklärt und als Lehen, d. h. gegen Abgaben, an das Volk weitergegeben. Sehr zum Leidwesen des kleinen Mannes: frische Fische waren zu einer unerschwinglichen „Herrenspeise" geworden. Unter einer Fahne, auf der Fisch, Vogel und Baum – ums Kreuz gruppiert – zu sehen waren, wurden die alten Rechte eingeklagt. Man griff zur Selbsthilfe. Wie die tapferen Frauen von Großhaslach, die ihre zögernden Männer mit einem Fischfrühstück überraschten, nachdem sie die Weiher des Klosters Heilsbronn nächtens abgelassen und abgefischt hatten.

Diese Tat mußte nach der Niederwerfung des Krieges teuer bezahlt werden: die Abbitte der Frauen beim Abt war der geringste Teil davon.

Ein mißglückter Fischzug: Statt Karpfen Keile für den Fürsten

Als *„Pillenreuter Fischzug"*, *„Streit am Weiher"*, als *„Niederlage des Markgrafen am Weiher von Pillenreuth"* ist jene Episode aus der Geschichte der spannungsreichen Beziehungen zwischen der Freien Reichsstadt Nürnberg und der Markgrafen von Brandenburg-Ansbach bekanntgeworden, die den hohen Wert

Monotype

eines mit Fischen reichbesetzten Teiches eindringlich dokumentiert.

Natürlich war es bei diesem Unternehmen nicht um die Karpfen gegangen, von denen hatte Markgraf Albrecht (1440–1486) in seinen Landen selbst genug. Ihm, der bei seinen Zeitgenossen als hitzig, beredt, als klug, aber auch verschlagen galt, der von dem päpstlichen Legaten Aeneas Silvius de Piccolominibus, dem späteren Papst Pius II. den Beinamen *„Achilles Teutonicus*, „deutscher Achill" erhielt, sah sich in seinen landesherrlichen Rechten geschmäht und hatte seinen Gegnern, den Nürnberger Pfeffersäcken, eins auswischen wollen. Auf höchst wirkungsvolle Weise war dies geplant worden. Ein Bote hatte die Absicht des am 10. März 1450 mit großem Troß erschienenen Markgrafen verkündet: „. . .*wie er (Albrecht) wer fischen den weir Küngßbruck, Rittenspüel, der ir wer, der von Nürnberg; er begehrt von in (ihnen), daz sie ihn (ihm) der fisch hülfen vohen (fangen) und die essen; auch sollten sie wissen, daß er ir aldo wolt warten.*" In der Nacht hatte Albrecht den Königsweiher abgraben lassen, Wagen mit Behältern zum Abtransport der Karpfen standen bereit. Indessen sollte die Fischpartie ganz anders verlaufen, als der Markgraf sie geplant hatte. Als Albrecht am Morgen des 11. März vom Königsweiher aus die Katzwanger Straße zum Schlößchen Lichtenhof ritt, wurde er von feindlichen Geschützen beschossen. Von Lichtenhof her rückten die Nürnberger, 250 Reisige und 2500 Mann zu Fuß, unter Reuß von Plauen und Jobst Tetzel herbei. Der Plan sah vor, die Vorhut unter Kunz von Kaufungen, Reiterei und Schützen, in ein Scheingefecht zu verwickeln, um nach kurzem Geplänkel und einer Scheinflucht die Markgräflichen an die Hauptmacht der Reichsstädter, die sich im Wald verborgen hatte, heranzulocken. Das Fußvolk unter Bürgermeister Erhard Schürstab sollte die Schlacht entscheiden. Die List gelang.

Albrecht verlor 85 Krieger durch Tod, 120 Leute gerieten in Gefangenschaft, die erbeuteten oder getöteten Pferde gab er selbst mit 60 bis 64 an; drei Paniere wurden erbeutet, eines des Markgrafen, eines des Pfalzgrafen Otto sowie mehrere Geschütze. Es wurde genau bilanziert. Als Demütigung mußte der stolze Fürst das Aufhängen der Fahnen in der Nürnberger Frauenkirche empfunden haben. Nicht genug damit: der deutsche Achill soll sich nur durch ein Ehrenwort der Gefangennahme entzogen haben, seine Reisigen wurden bis nach Schwabach verfolgt, die gefangenen markgräflichen Trompeter aber mußten den siegreich heimkehrenden Nürnberger Truppen voranreiten, sie bliesen die Fanfaren zu Ehren der Gegner.

Das Ende des Städtekrieges ließ nicht mehr lange auf sich warten: die sog. *Bamberger Richtung* vom 22. Juni 1450, der mehrere Einigungsversuche vorausgegangen waren, sah einen Kompromiß vor, der aus der empfindlichen Niederlage des Markgrafen am Pillenreuther Weiher resultierte: die kriegsführenden Parteien hatten ihre Kräfte total überspannt.

Das Wort des päpstlichen Legaten vom deutschen Achill, ob es aus Unkenntnis der Situation, aus Schmeichelei einem treuen Parteigänger des Fürsten gegenüber entstand? War es Ehrerbietung einem Fürsten gegenüber, der besondere *eren, würden, privilegia* und *freiheiten* für sich in Anspruch nahm?

Der „principale Fisch“: ein teures Herrenessen?

Die Möglichkeit, daß der Karpfen von jedermann nahezu zu jeder Zeit gegessen werden kann und auch gegessen wird, besteht noch gar nicht so lange. Gleichermaßen als Fastenspeise und als klösterliches Nahrungsmittel begehrt, von adeligen und geistlichen Teichwirtschaften in Monopolstellung vertrieben, war er schon im 16. Jahrhundert zu einem Luxus geworden, den sich der gemeine Mann nur selten leisten konnte.

Kol. Monotypie

Kol. Monotypie

Im Bauernkrieg richtete sich der aufgestaute Haß der Bauern und Kleinbürger gegen Adel und Kirche und deren Besitz. Der Aufruhr gegen die Herren begann vielerorts mit der Verweigerung des Zehnts, mit dem Ausfischen der Teiche von Klöstern, Domprobsteien und adeligen Herrschaften, wie am Pfingsttag 1524 mit dem Weiher des Domprobst Marquart von Stein durch 25 Forchheimer Bürger.

Mit Ausnahme des Aischgrunds, wo die Teichwirtschaft auch durch kleine Bauern betrieben wurde, blieb der Karpfen Herrenspeise. Die Abrechnungen der Gräflich von Pückler'schen Teichwirtschaften Tanzenheid und Brunn zwischen Birnbaum und Emskirchen zeigen, an wen die Fische um teures Geld geliefert wurden: an Räthe, Amtmänner, Pfarrer, Fischhändler und die Fürther Juden.

Die Deputate an die eigenen Bediensteten lesen sich wie eine Rangskala von Almosenempfängern: H. Pfarrer: 3, Amtmann: 12, Schulmeister: 2, den beeden Käufern: 6, diesen zum Essen: 6, denen Zöllnern unterwegs: 4, denen Leuthen, so fischen und tragen und aufladen helfen: 40.

Noch die Fischpartien vor dem 2. Weltkrieg wurden, wenn nicht ein Verein Ausrichter war, in erster Linie von Geschäftsleuten besucht. „Privatleute", so raisoniert der Mühlenwirt von Stöckach, „Privatleute waren bei uns selten zu Gast. Karpfen waren im Verhältnis teuer. Bratwürste kosteten damals 1.20 Reichsmark, der Braten 2 Mark, ein Karpfen aber 4 bis 4.50 Reichsmark. Das hat sich erst nach der Währung geändert. Es ist noch net lang her, daß man Fisch an jedem Sonntag für die Gäste hat".

Und kredenzte der Wirt auf Wunsch des Gastes einen besonders großen Karpfen, scherzhaft „Schlagmutter" genannt, so waren nochmals einige „Fuffzgerli" draufzulegen.

Herrenessen, das war der Karpfen in der Tat.

Monotypie kol   P. Reutter 90

Statt stinkender Fischweiher: wogende Weizenfelder und saftige Weiden

Der Niedergang der Teichwirtschaft setzte am Ausgang des 18. Jahrhunderts ein. Die Gründe dafür sind im wirtschaftlichen Bereich zu suchen: mit der zunehmenden Bevölkerung war der Bedarf an Brotgetreide gestiegen, tierische Erzeugnisse verloren an Wert. Hemmten zunächst noch Flurzwang und alte Rechte wie Tränkrecht, Jagdrecht, Hutungsrecht und Zehnten die Teichkassierungen, so fielen mit dem Zusammenbruch des Feudalsystems auch diese Schranken: die Bahn wurde frei für beliebige Nutzung des Bodens.

Anpassung, im Sprachgebrauch der Zeit *Adaption,* hieß das Zauberwort der späten Aufklärer, und der kluge und weitsichtige Oekonom paßte sich den geänderten Wirtschaftsvorstellungen an: aus stinkenden Fischweihern sollten wogende Felder und saftige Weiden entstehen. Ziel des aufgeklärten Fürsten war die *Melioration,* die Urbarmachung „unfruchtbaren“ Landes zur Wohlfahrt des Landes. In Seehaus, einem Schwarzenbergischen Amt im Ehegrund, so benannt nach einem ansehnlichen Teich, der unmittelbar bis an das Schloß herangereicht hatte, wurden unter größten Anstrengungen Gräben zugeschüttet und der Teich einer neuen Nutzung zugeführt:

„Mit mühevoller Arbeit ist ein Theil des tiefen Grabens durch den Schutt zwoer Basteyen bereits angefüllt und zu Nutzungen aptirt worden, und auch der noch übrige Theil desselben soll auf diese Art angewandt werden. Ein mittelmäßiger Baum= und Gemüßgarten zeiht sich vor der Fronte des Gebäudes herüber und macht mit Hülfe der beeden Flügelgebäude einen Hofraum. An ihn grenzte noch vor wenig Jahren ein beträchtlicher See mit ein paar artigen Inseln, welcher dem ehehinigen Schloße seinen Namen gab, worinn eine Art ganz besonders schmackhafter Fische sich befanden, und der dem Ganzen gewiß zu einer recht herrlichen Zierde gedienet haben muß! Der üble Geruch dieses Sees aber, und die ungesunde Ausdünstungen, so wie auch vorzüglich vielleicht die Bemerkung, daß diese Strecke Landes durch Urbarmachung weit besser genützt werden könne, gaben Anlaß zur Austrocknung desselben, und er befindet sich gegenwärtig theils mit Haber angeseäht, welcher vortreflich da fortkommen soll, theils aber hat man ihn auch mit Klee besämt, um einige Stellen davon zu Wieswachs zu gebrauchen."

Überall da, wo ein hoher Grundwasserstand, ein wenig ertragreicher Boden zu anderweitiger landwirtschaftlicher Nutzung nicht geeignet war, blieb die Teichwirtschaft bestehen. Stau- und Feuerweiher dienten nach wie vor der Karpfenaufzucht. Und so hielt sich auf den mageren Böden des mittleren Keupers, vor allem des Sandkeupers, die Teichwirtschaft auch weiterhin: als Neben- oder Zuerwerb.

Die Stunde des bäuerlichen Kleinbetriebs war damit gekommen. Dessen Tradition ist – allen Wirtschaftsflauten und Kriegen zum Trotz – bis heute nicht abgerissen, auch wenn heute an die Stelle der Land- und Teichwirte häufig die Freizeitfischer getreten sind.

Vergeblicher Appell: „... Überflüssige Zehrung einschränken"

Höhepunkt im Jahreskreislauf des Teichwirts: das Abfischen im Herbst. Freunde und Verwandte, die Familie, sie alle helfen zusammen, wenn es gilt, die Ernte des Jahres einzuholen. Da wird die Arbeit zu einem Fest im Alltag, zu einem Ereignis, das Bauer und Städter nicht missen mögen. Heute nicht, früher nicht. Schon gar nicht, wenn nach der Arbeit auf Gemeindekosten gefeiert werden konnte.

Monotypie P. Reutter 90

Ungehört verhallten die Appelle des Neustädter Amtmanns Dietrich von Streitberg, dem bei Durchsicht der Stadtrechnungen im Jahre 1664 der hohe Betrag aufgefallen war, der „bey endung der Fischerey undt außgebung der Burgerfisch" zum Verzehr gekommen war. Seinen wohlmeinenden Rat in Anbetracht der kargen Haushaltsmittel die seiner Meinung nach „überflüssige Zehrung so viel möglichen ein(zu)stellen" und sich die „Eraufferung des dermals noch in elenden Stand schwebenden Stattwesens sich äußersten Fleißes angelegen sein" zu lassen, stieß auf taube Ohren. Auch wenn es von Oberstrahlbach mit seinen zur Stadt gehörenden Weihern nur ein knappes halbes Stündlein nach Neustadt war, beharrten die Begünstigten auf der traditionell gewöhnte Zehrung. Da andererseits der Hohe Rat den Hochfürstlich Brandenburgischen Beamten nicht vor den Kopf stoßen wollte, verfiel er auf einen geradezu genialen Einfall: die Ausgaben für das herbstliche Fischessen wurden fortan nicht mehr unter der Rubrik „Zehrungen" aufgeführt, sondern unter dem Haushaltstitel „Außgaben uff die Fischerey". Getrost konnten nun wieder Bürgermeister und Steuer-Herrn, Stadtschreiber, wenige Jahre später auch die Stadtförster, sich ihren Karpfen schmecken lassen. 1667 kamen auch die unmittelbar von der Arbeit Betroffenen, die Taglöhner und Bauern, in den Genuß der Zehrung auf Stadtkosten.

Während die hohen Herrschaften aber für 3 Gulden, 2 Ort und 25 Pfennig verzehrten, erhielten „die Fischer nebst dem Bauern, alß Er die Fisch abgeholt", lediglich 30 Kreuzer Verzehrgeld. Ob den Zeitgenossen dies Mißverständnis aufgefallen ist?

Hugenotten gerügt: „. . . beede Teich sträflich abgegraben und besäet"

Einen Weiher wieder aufzulassen, der irgendwann einmal mit hohem Arbeits- und Geldaufwand errichtet worden ist, ihn zu Feld oder Grasland umzuwandeln, das mußte jedem ökonomisch Denkenden widerstreben. Gerade einer Verwaltung, die bestrebt war, sparsam zu wirtschaften. Dieses mußten auch jene französischen Refugees sich sagen lassen, die von Markgraf Christian Ernst den im Dreißigjährigen Krieg öd gewordenen Weiler Flugshof bei Emskirchen als Grundlage einer künftigen Existenz erhalten hatten. In einem Schreiben vom 4. August 1700 waren die markgräflichen Beamten in Emskirchen durch den Neustädter Landeshauptmann von Witzleben angewiesen worden, wegen der zwei abgelassenen Teiche eine tragbare neue Regelung zu treffen.

Die Glaubensflüchtlinge aus Frankreich hatten, als sie sich in Flugshof niederließen, die Dämme der zwei Weiher durchstoßen, das Wasser abgelassen und den Teichboden mit Feldfrüchten bestellt – sehr zum Leidwesen der Verwaltung. Um den 10 Familien ausreichendes Land zur Verfügung stellen zu können, war der Vorschlag gemacht worden, zu den zur Flugshöfer Flur gehörenden 51 Tagwerk verwilderter Felder noch 15 Tagwerk Wald im Bereich des Sommerrankens hinzuzuschlagen. Der Wald sollte zur Hälfte gerodet und in Ackerland umgewandelt werden, damit die Teiche nicht länger zweckentfremdet werden müßten:

„Alldieweiln wir jedoch bedeuteten Refugies gerne geholfen sehen möchten, auch euern Bericht nach, beede Teich, weiln sie an den neuerbauenden Häußern liegen, von ihnen wiewohl sträflich abgegraben, und besäet worden, auch das Landt vor 10 Familien ziemlich wenig scheinet. Als wollen wir endlich aus besondern Hochfürstl. Gnaden geschehen laßen, daß über die zum Flugshof gehörige 51 Tagwerck mit Holtz beflogene Felder, v. die bemeldte zwey abgegrabene Teiche, nebst denen Wiesen, Ihnen auch die dorthin gegen die gesammte Weyher an uns ertauschte 15 Tagwerck Holtz am Sommer Rangen Dergestalt eingeraumet werden, daß sie davon die Helfte gleichwoln abtreiben und zu Feld machen; die andere Helfte aber zu ihren Güttern, umb daraus ins künftige das nothdürftige Bau und Brennholtz zu nehmen, stehen laßen, deß untern großen Teichs aber allerdings müßig stehen, und selben zu unßerer Disposition überlaßen solln.“

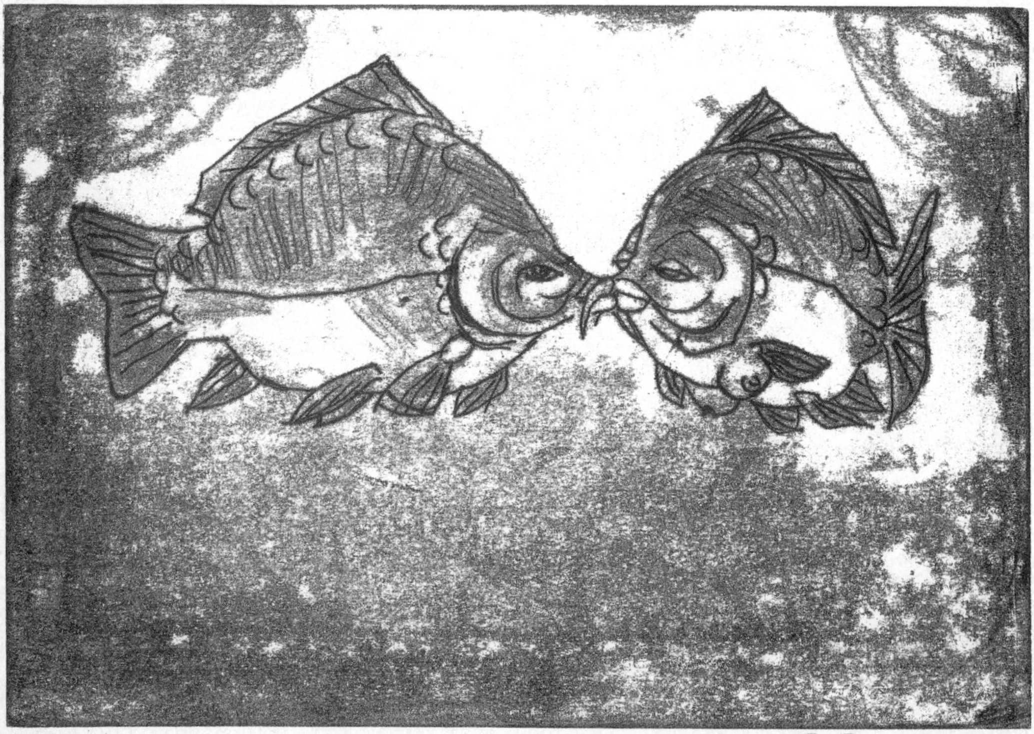
Monotypie

Die Urbarmachung des Bodens war nicht als Bestrafung der französischen Ansiedler gedacht, denn im Frühjahr schon war ihnen in einem Rescript der markgräflichen Verwaltung die Alternative zwischen Teichnutzung und Waldrodung angeboten worden:

„Nun ist euch erinnerlich, daß wir in einen an Euch erlaßenen Rescripto im Monath April Dießes Jahrs aus Hochfürstl. Gnaden besagten Refugies die Wahl gegeben, entweder die bey dem Flugshof befindliche Teiche anzunehmen, und den Sommer Rangen zuruck zu laßen, oder gegen Verwilligung und Ein Räumung dießes jener müßig zu stehen, bey welcher Meinung wir es annoch bewenden laßen köndten."

Es stellt sich die Frage, ob die Teichwirtschaft für die Neusiedler eine echte Alternative gewesen ist. Kann sie von Unkundigen betrieben werden? Wie dem auch sei, die Siedler wählten die Knochenarbeit. Die Dämme aber, sie sind im Landschaftsbild heute noch zu sehen.

Gemeinderat garantiert: „... besonderen Vortheil vor das Gemeindl. Aerar"

Allerorten war die Tendenz zur Auflassung von Weihern am Ende des 18. Jahrhunderts groß. Nicht so in Emskirchen. Dort faßte der Gemeinderat am 9. Dezember 1788 einen Beschluß, einen oberhalb der Emskirchner Steige in der Gegend der Marbach gelegenen Weiher, der „eingegangen und zu Feld aptirt" worden war, als Tränkweiher für die Weidetiere wiederherstellen zu lassen. Erkundigungen wurden eingezogen. Der zur „Beaugenscheinigung beygezogene Burger und Taglöhner Georg Kähnlein" schätzte die Kosten „als ein Werckverständiger" auf 80 Gulden. Diese immensen Kosten konnten aber die festentschlossenen Gemeinderäte nicht schocken. Flugs hatten sie auch ein Finanzierungsmodell zur Hand:

Monotypie

„So hat man den Entschluß gefaßet, bey Hochfürstl. Hochpreißl. Landes Oeconomie Deputation fordersam den unterthänigsten Antrag zur Herstellung sothanen Tränckweyhers im Taglohn mit der weitern unterthänigsten Vorstellung zu machen, daß außer der Entbehrlichkeit eines Tränckweyhers in dasiger Gegend auch noch der besondere Vortheil vor das Gemeind Aerarium erwalte, daß sothaner Weyher alljährlich zur Fischzucht verpachtet werden könne."

Karpfenzucht, sie war auch vor zweihundert Jahren ein erkleckliches Geschäft, vorausgesetzt, die Rahmenbedingungen paßten. Das aber nahmen die Gemeindeväter wohl an.

Die Augustfischer – oder: wie veredele ich einen Frühe=Karpffen?

In der Zeit der Zwangsbewirtschaftung, nach dem Zweiten Weltkrieg also, wurde aus einer Notsituation heraus eine Tradition gegründet, fester Bestandteil eines neuen Brauchtums im Aischtal: die *Gerhardshöfer Karpfenkerwa.* Als noch nicht frei geschlachtet werden durfte, wollte ein Gerhardshöfer Gastwirt seinen Gästen etwas Besonderes anbieten: es gab Karpfen aus dem unbewirtschafteten eigenen Weiher. Und das im August! Wo doch der Karpfen hierzulande nur in den Monaten mit -R gegessen wird!

So ganz neu war die Erfindung des cleveren Gastwirts nicht. Schon 1727 hatte Johann Ludwig Heger in seiner „Teich- und Weyher=Lust" geklagt:

„Gegen Bartholomaei pflegen etliche Geldhungrige die Weyher schon zu fischen und die Karpffen / welche alsdann Frühe= Karpffen genennet werden / zu verkauffen / bloß aus der leichtsinnigen Nachricht / weilen alsdann der Centner ein oder zwey Gulden mehr gelten thut."

Die Nachkriegskarpfen, sie schmeckten, auch wenn sie noch etwas moorig waren. Tips, den Teichkarpfen den schlammigen Geschmack zu nehmen, gibt es schon lange, wie ein Geheimrezept aus einem bekannten Kochbuch aus der Zeit um die Jahrhundertwende zeigt: der „Karpfen, welche aus einem stehenden Stadtgraben oder anderm schlammigen Teiche gefischt worden sind, und bald nachher verspeiset werden sollen, haben gewöhnlich einen unangenehmen Geschmack. Zu diesen wirft man während des Siedens eine oder einige Kohlen, und der faule Geschmack verschwindet fast ganz".

Nur: wer hat heute noch die Kohle in der Küche?

„Nicht weniges Verlangen: . . . auf die bevorstehende Fischerey"

Wenn die Felder gepflügt sind, Brauntöne in die Landschaft einziehen, blaßgrün die Wiesen sind, die Allerweltskirchweih bevorsteht und der Buß- und Bettag nicht mehr weit ist: im Spätherbst also, ist Karpfenzeit in Franken:

> „Der September aber . . . das Herbst=Monath genennet / verursachet nun nicht weniges Verlangen auf die bevorstehende Fischerey / denen zu mahlen / die gantz begierig zu wissen / wie die Fisch / gewachsen und was eigentlich für einen Gewinn die Fischerey ertragen möchte. Manchen aber wässert das gelüstige Maul nach einem guten und fetten Karpffen=Stuck."

Ohne Zweifel: es liegt ein Zauber über dem Abfischen der Weiher. Es ist der Höhepunkt des teichwirtschaftlichen Jahres.

Monotype

Da ist was los. Ich erinnere mich an meine Kindheit in Schauerheim. Den Kirchweihsamstag konnten wir gar nicht erwarten. Das Karussell war aufgebaut, die Schießbude stand, die Kirchweihfichte schwankte im Wind. Doch zuvor war das Abfischen des Dorfweihers angesagt.

Es tat sich was im Dorf. Ein Wagen wurde bespannt, mit Stroh belegt, Wannen und Fässer wurden aufgeladen, die Männer zogen mit den an Stangen befestigten Hamen zum Waldweiher hinaus, eine halbe Stunde vom Ort entfernt. Wir Kinder konnten das Schulende kaum erwarten. Kamen wir dann abgehetzt an, war das meiste schon vorbei: das Wasser war abgelassen, hoch ragte der „Mönch“ aus dem glänzenden Schlamm. Nachfischer stapften durch den Morast, die letzten Karpfen aus den Wasserlöchern zu holen. In den gefüllten Bottichen war ein bewegtes Hin und Her: die Ausbeute eines Jahres glitschte da durcheinander. Dann ging's zurück ins Dorf. Auf den Aischwiesen lag nasses Stroh. Die Karpfen wurden ausgeschüttet, gewogen und verteilt. Jeder Rechtler erhielt sein bestimmtes Quantum: zwei oder drei Fische. Um niemanden zu bevorzugen, waren gleichgroße Haufen gebildet worden, auf die dann in beliebiger Reihenfolge die Hausnummern gelegt worden waren. Den lebendfrischen Karpfen im Blecheimer, in der Milchkanne, aufgefüllt mit Aischwasser, trat jeder dann den Heimweg an.

Da soll es schon mal passiert sein, daß einer zuerst die Karpfen in den Eimer füllte, und nachher zum Schöpfen an die Aisch ging: „Almächt hem die gschaut, wie die Fisch aaf und davoo senn!“

P. Reutter 87

Jagdleidenschaft begrenzt . . . . .
ohne Anwendung von Schußwaffen, Giftstoffen oder Sprengstoffen

Wenn das Jagdfieber den Fischer ergreift, dann werden selbst die als zurückhaltend bezeichneten Franken munter, dann kann es schon mal vorkommen, daß zu ungewöhnlichen Mitteln gegriffen wird. Vor allem, wenn es um den als Schädiger der Brut angesehenen Fischreiher geht.

Aufschlußreich die Antwort der Rechtsauskunftsstelle des Kgl. Bayerischen Landwirtschaftsrates in München, wohin sich Georg Stang aus Gerhardshofen gewandt hatte: Schußwaffen, Giftstoffe oder Sprengstoffe, Otter- oder Pfahleisen durften beim Fang nicht verwendet werden: „Nach dem neuen Fischereigesetz, welches aber erst am 1. April 1909 in Kraft treten wird, ist es dem Fischereiberechtigten gestattet, Reiher innerhalb seines Fischwassers und in einer Entfernung von höchstens 3 m vom Ufer des Fischwassers zu fangen oder *ohne Anwendung von Schusswaffen, von Giftstoffen oder von Sprengstoffen* zu erlegen. Schlingen sowie andere Eisen als Ottereisen oder Pfahleisen dürfen nicht verwendet werden. Über deren Verwendung gelten noch besondere Vorschriften, wir werden dieselben auf Verlangen gern mitteilen."

Auf eine eher listige Methode, Karpfen zu fangen, weist Herr Zuleeg, seines Zeichens Lehrer, in einem Aufsatz über die Fische der Aisch hin. Beim Laichen, wen wundert's, seien die Karpfen der Aisch besonders unaufmerksam und eine leichte Beute.

„Anfang Juni, besonders in den frühesten Morgenstunden, tummeln sich oft ganze Scharen an seichten Stellen im Laichkraut (volkstümlich: Krebskraut), wie eine Ferkelherde und obliegen dem Laichgeschäft. Mit dem Wagenreif über der Schulter, über den ein Netz gebunden ist, steht der Fischer in dieser Zeit am Ufer und späht aufmerksam, ob sich nicht ein paar laichlustige Gesellen heranwälzen. Plötzlich bemerkt er eine stattliche Karpfenmutter, begleitet von zwei Männchen, – der Reif fliegt, und der Fischer springt nach. Wenn er gut geworfen hat, sind alle drei unter dem Netz.

Exemplare über 10 Pfund werden nicht selten gefangen, von den ganz schweren Gesellen mit vielleicht 25 Pfund, deren sicher auch genug sich in der Aisch finden, ist noch selten einer erbeutet worden.

Sonst kann der Aischkarpfen fast nur mit der Angel (Wurm oder Kartoffeln als Köder) oder beim Streifen gefangen werden. In die Reuse geht der scheue Geselle fast nie."

Zwischenrast in Neustadt: Brut in „Gnädigster Herrschaft Ständlein"

Der Transport lebender Fische, er war immer schon ein gefürchtetes Risiko. Heute wie früher. Dies gilt für den Schlachtkarpfen, der lebendfrisch beim Konsumenten, besser gesagt in den Wirtshäusern in Stadt und Land, angeliefert werden muß, dies gilt auch für die Brut- und Satzfische zur Besetzung der Weiher.

Als es noch nicht üblich war, mit Fischbehälter und Sauerstoffflasche die kostbare Fracht in Stundenfrist über weite Entfernungen anzuliefern, mußte man sich etwas einfallen lassen, wenn es galt, weite Strecken zu überwinden. 350 Jahre ist es her, seit der Neustädter Landschreiber seinem Kollegen in Münchaurach, dem Gegenschreiber des ehemaligen Klosters, einen bemerkenswerten Vorschlag machte, 600 Brutfische und

250 Karpfensetzlinge unbeschadet von Münchaurach via Neustadt nach Altheim, zu „Gnädigster Herrschaft Wyhern“, zu bringen.

Im vorausgegangenen Jahr hatte es offensichtlich Probleme mit dem Transport gegeben: „. . . mit der überbringung der fertigen Bruth ich gar grosen schaden gelitten, wie mehr dann die Helfte nicht darvon kommen, die abgangen, bis man dieselbe zu denen wyhern gebracht hat.“

Der Landschreiber empfiehlt, die Fische zunächst nur bis Neustadt zu bringen, zur Erholung in Fischkästen – in „Gndst. Herrschaft Ständlein“ – zu schaffen und die im Aischwasser wieder munter gewordenen Tiere nach Altheim tragen zu lassen. „. . . sollen solche von doselbsten abgeholet und . . . von dort . . . nachher Altheim getragen und eingesezet werden“.

So geschehen im März 1645. Trotz Kriegszeit, trotz Bevölkerungsmangel. Das Leben, es mußte ja weitergehen.

Ganz ohne Chemie: biologisches Gleichgewicht gehalten

Der Verbraucher ist allergisch geworden gegen den Einsatz chemischer Mittel in der Tier- und Pflanzenzucht. Und er hat etwas gegen Antibiotika zur Krankheitsbekämpfung. Gottlob geht die Tendenz durch verstärkte Teichhygiene zum biologischen Anbau.

Über Jahrhunderte hinweg waren die Erfahrungen bei der Anlage und Pflege der Teiche verfeinert worden, bis sie im 18. Jahrhundert eine ausgesprochene Blütezeit erreichten.

Der fürstliche Hofkammerrat Johann Ludwig Heger preist die wohlbestellte fränkische Kulturlandschaft, die „weltberühmten Kayserlichen Hochstifft Bambergs Weyer“:

> „Die besten Karpffen=Weyher seynd / welche einen tieffen schwartzen / oder gar gelb=gailichten Boden haben / worein bey herabfallenden Regen und Güssen die Feld=Fluthen / oder gar die s. v. Mist=Strotzen einlauffen. In disen werden öffters 4. bis 5.pfündige Karpffen gefangen / ohneracht ein Setzling mehr nicht als ein Pfund oder fünff Vierling gewogen.“

Ein Verfahren, die Qualität des Weihers zu heben, war das Sömmern: das sommerliche Liegenlassen des leeren Weihers, seine Bestellung mit Feldfrüchten, eine Feld-Teich-Wechselwirtschaft, die fürs 16. Jahrhundert schon belegt ist: „Es frommt aber den Fischteichlern nicht weniger als den Ackerbauern, das sich die Teiche wie die Äcker erholen und aufgefrischt werden“. Auf eine Trockenperiode von 3–4 Jahren folgte in den Pücklerschen Teichen der Gutsherrschaft Tanzenheid, Brunn und Burgfarrnbach das erneute Bespannen der Teiche.

Auch die Bereitstellung pflanzlicher Biomasse zur Nährstoffanreicherung im Karpfenteich hat Tradition. So berichtet schon Florini (1702) davon, wie ein kluger und rechtsverständiger *Hauß-Vatter* reichlich Fischnahrung erhalte:

> „Andere halten dieses für einen großen Vortheil für die ausgemergelte und öde Teiche, wann man sie nach abgeschnittenem Getraid entweder mit Rüb-Samen oder aber mit Mag- und Mohn-Saamen besäet, und alles beyeinander oder doch zum wenigsten einen guten Theil darvon, darinnen stehen, unterdessen aber den Teich wiederum anlauffen und besetzen läst.“

Ähnliches weiß auch Heger zu berichten. Er empfiehlt Schafmist, und, falls der Weg zu weit sei, den Anbau von Rüben:

> „Weisse Rüben in die Weyher gesäet, wo man gar zu weit die Thungung fahren muß / oder gar keine haben kann /

seynd am besten / und kan man solche im Herbst überziehen / die gröste heraus nehmen / die übrige aber im Wasser ersauffen / und also verfaulen lassen. Es ist dieses eine herrliche Beförderung / damit die Fisch alle wohl wachsen und fett werden können."

Gebackener Karpfen: samt Haut und Flossen

Es gibt nicht wenig Leute, denen bereitet das Herumstochern in den Gräten große Mühe. Da war vor gar nicht allzulanger Zeit ein österreichischer Hochschulprofessor mit Ehefrau zum Karpfenessen geladen und kämpfte mit Messer und Gabel gegen den gebackenen Karpfen. Als die Gattin eine spitze Bemerkung sich gestattete, antwortete der Herr Professor gereizt: „Teuerste Frau, ich faschiere nicht, ich tranchiere".

Und es ist wahr: Kennerschaft ist auch beim Karpfengenuß Ergebnis häufiger Wiederholung. Ein Leichtes: bei einer neunmonatigen Saison. Beim ersten Mal mag es Schwierigkeiten geben. Es könnte einem gehen wie jenem jungen Mann, der vor einem Vierteljahrhundert an einer Dorfkirchweih im Aischgrund seinen ersten Karpfen aß: goldgelb gebacken lag der Fisch auf dem Teller, Schwanz und Kopf ragten ganz unschicklich über den Rand, Rücken und Bauchflosse ebenfalls. Was tun? Ein beherzter Griff: die Flossen brechen, werden auf den Gräteteller geworfen. Ein Aufstöhnen, blankes Entsetzen, ein Aufschrei gar: „das Beste verschmäht"! Konnte dies der Laie wissen? Schwanz und Flossen, rösch gebacken, knusprig, salzig, zart, sie zu verschmähen: dem Kenner ein Sakrileg.

Und dies bei einem „echten" Aischgründer Karpfen! Der junge Mann von damals, er hat's gelernt, den Fisch richtig zu zerteilen und das Bäckchen, das Beste, mit geübtem Schnitt zu befreien.

Monotypie

Die europäische Dimension: von der wirtschaftlichen Einheit des Alten Kontinents

Mit bangen Erwartungen fixiert der eine oder andere das Jahr 1992, das für viele Länder Europas den wirtschaftlichen Zusammenschluß, den freieren Warenaustausch und eine größere Mobilität bringen wird. Der Teichwirt indessen braucht keine Befürchtungen zu hegen. Der „Aischgründer" bewegt sich schon längst in europäischen Dimensionen, in mehrfacher Hinsicht.

Der „Aischgründer Spiegelkarpfen" ist Zuchtergebnis einer jahrhundertelangen Teichwirtschaft; immer wieder wurden in- und ausländische Karpfenstämme eingekreuzt, auch der langgestreckte Karpfen.

Wenn der Gast dann in einer Fischküche in Nürnberg, Fürth oder Erlangen einen „Aischgründer" bestellt, erwartet er einen qualitativ hochwertigen Karpfen. Doch er erhält beileibe nicht immer einen Tellerkarpfen von geringer Beschuppung und feiner Haut, hochwüchsig, goldgelb bis gelbschwärzlich, mit auffallender Seitenlinie beiderseits und längs der Rückenflosse, beschuppt mit wenigen großen glänzenden Schuppen auf der Bauchseite, an Flossenansatz und Schwanzstiel.

Wie sollte dies auch möglich sein?

Im Aischgrund werden jährlich ca. 10 000 Zentner Karpfen, knapp 1/4 der jährlichen Karpfenernte der Bundesrepublik, erwirtschaftet. 10 000 Zentner kommen aus der Oberpfalz. Doch allein in Franken werden jährlich 40 000 Zentner verspeist. „Jo wergli": der Aischgründer Karpfen ist bestenfalls ein Qualitätsbegriff. Und der jugoslawische oder französische, der

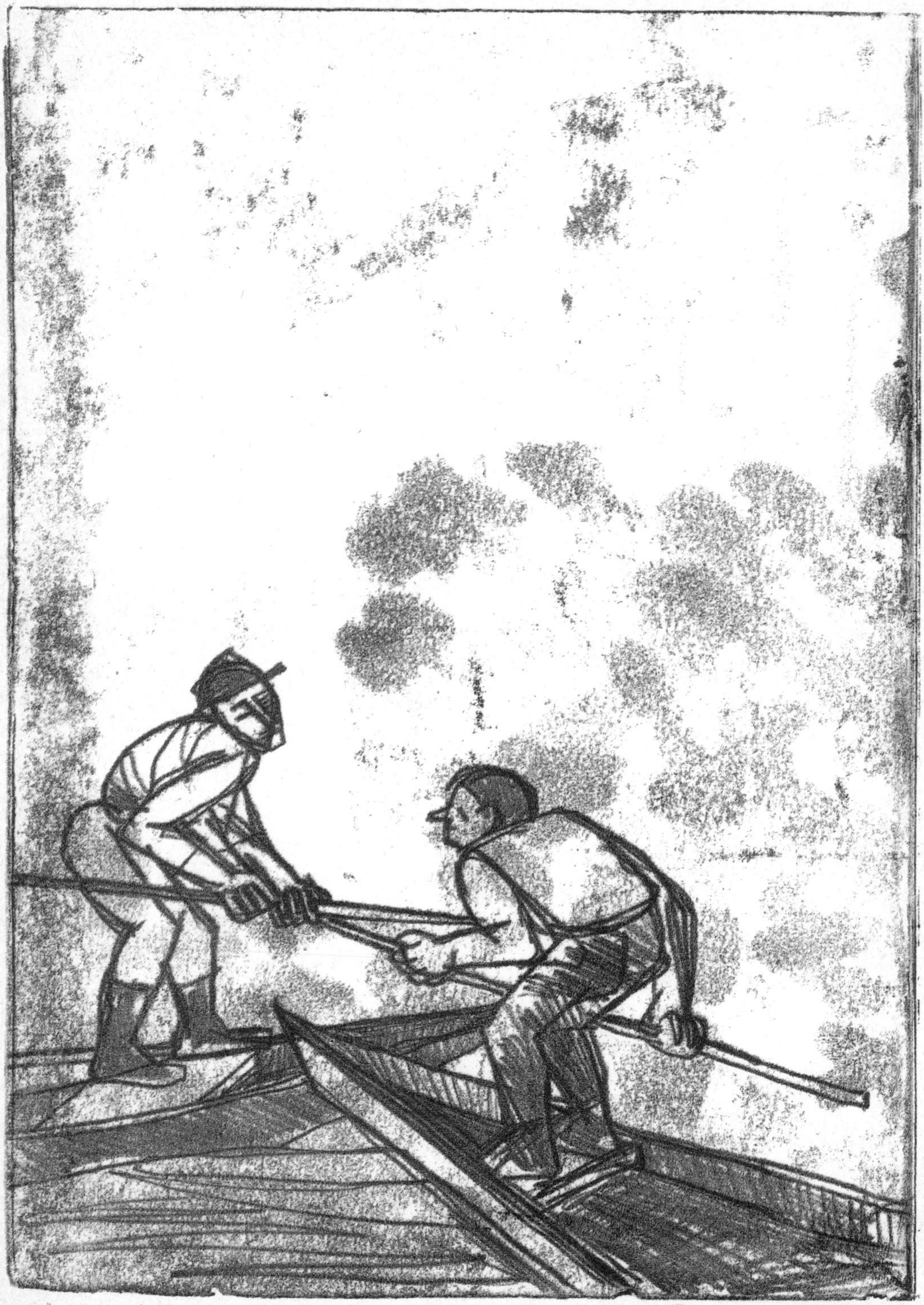

Monotype

P. Peretto 90

tschechische oder ungarische Karpfen tragen mit zu seinem guten Ruf bei. Importe kommen auch aus der DDR.

Wer hätte das gedacht?

Karpfenkopf und Karpfenstein: zum Schluß etwas Aberglaube und Sprachbetrachtung

Früher, so hört man oft sagen, war alles ganz anders. Auch mit der Fischerei. Da galt der Fisch noch etwas. Wie sonst erschiene er als Hauswappen, als Wappentier, wie in Ansbach, Forchheim, Adelsdorf oder in Erlangen? Ortsnamen weisen auf ihn hin: Fischhof, Seehaus, Weiherhof.

In Sitten und Gebräuchen und in einigen Redensarten hat er sich erhalten. Fischerzünfte pflegen wieder längst vergessene Traditionen. Zweifellos am spektakulärsten: die Fischerstechen, aus Bamberg, Würzburg oder Nürnberg überliefert. Sie haben wieder Zulauf. Mehr denn je. Wem bereitet es auch keinen Spaß, vom sicheren Ufer aus zuzusehen, wie die Kämpfenden, mit langen Stangen versehen, versuchen, sich gegenseitig ins Wasser zu stürzen!

Wie gut, daß es das Fischerlatein gibt, es steht dem der Jäger nicht nach. Und: es gibt schöne Geschichten.

Freilich, eine so imponierende, wie jene Heilbronner Hechtgeschichte, ist rar. In Heilbronn – so die Sage – wurde im Jahre 1497 in einem Teich ein Hecht mit einem Kupferring um den Hals gefangen. In griechischer Schrift stand da zu lesen: „Ich bin der erste Fisch, der in diesen Teich gesetzt wurde: und Friedrich II., römischer Kaiser, warf mich am 5. Oktober 1230

Monotype

hinein". Der Hecht war 267 Jahre alt, er wog 350 Pfund. Als Beweis seiner Existenz gilt eine Abbildung an einem Tore Heilbronns.

Zurück zum Karpfen.

Der berühmte Hecht im Karpfenteich, eine simple Sache: er hält die Karpfen in Bewegung, schützt vor Verfettung, in Abwachs- nicht in Aufzuchtteichen, denn die Brut, die würde er vernichten. Der „gefräßige Hecht", er spielt nur mit den Kärpfchen, „wie die Katz mit der Mauß".

Nichts besonderes also über den Karpfen: Cyprinus carpio? Oh doch: diesem Fisch, der gern im Trüben fischt, ihm werden mythische Kräfte zugesprochen. Der Karpfenstein im Portemonnaie, der sorgt dafür, daß das Geld nie ausgeht. 1986 in einer Karpfenwirtschaft – hochheilig sei's versichert – so gehört. In der mittelalterlichen „Drecksapotheke" gar galt das dreieckige Bein zwischen Karpfenkopf und Rückgrat, auch das sichelförmige Knochenstück über dem Auge, als Allheilmittel: es half, wogegen es immer helfen sollte.

Erfolglosen Fischern zu helfen, dazu wurde Reiherschmalz empfohlen, unwirksam wie etwas. Der Volksmeinung nach, so schrieb schon der in Neuhaus „ambtierende Vogelpfarrer", eine populäre Figur des Aischtals im letzten Jahrhundert, sollen, wenn der Fischreiher im Wasser steht, alsbald eine Menge kleiner Fische herbeikommen und sich an seine Beine hängen, angelockt durch deren süßen Geruch. Mancher Köder einer Angel wurde ganz insgeheim mit dem Reiherfett bestrichen, daß er die Fische anziehe. Hie und da wurde noch behauptet, daß man mit bloßen Händen fischen könne, so man sie nur mit Reiherschmalz bestrichen habe. Ein Aberglaube, gewiß.

Amtlich dagegen ein Ansbachisches Mandat des Markgrafen Joachim Ernst vom 20. November 1618, in dem er seinen Amtsleuten befahl, künftigen Frühling das Röhricht in etlichen verwachsenen Weihern am Tage Abdon (30. Juli) oder an anderen Tagen im Julio etwas unter dem Wasser abmähen zu lassen. Mit Sensen oder Sicheln, die zuvor mit Erbsenbrühe geschliffen werden sollten: „weil derjenige, so solchergestallt abgemähet werde, hernacher zu verderben und mit mehr zu wachsen pflege“. Dieses Mandat wurde in der Folgezeit öfters wiederholt.

Schnurrpfeiferei? Quintessenz der Weisheit vergangener Jahrhunderte? Ein „theuerer Schatz“, in Hausbüchern in Ehren gehalten, von Generation zu Generation in der Familie weitergegeben, ängstlich gehütetes Geheimnis nach außen, das, einmal ausgesprochen, alle Kraft verliere?

Vor gar nicht langer Zeit noch geglaubt.

Wissen Sie, was ein Karpfenkopf oder Karpfenschwanz ist? Zu leicht? Nein, nicht, was Sie denken: es ist ein Schmetterling. Damit aber endet’s fast schon. „Lerne mich nur keine Karpfen kennen“, diese Redensart ist selten. Diese dagegen wird häufig zitiert: „Der Karpfen muß dreimal schwimmen: zuerst im Wasser, im Fett sodann, schließlich im Bier oder Wein“. Manchmal auch in beiden. Je nach Rezept. Davon gibt es viele. Von einem Kosbacher Teichbauern übrigens wird erzählt, daß er deren 365 kannte: an jedem Tag des Jahres aß er den „principalsten Fisch“ nach anderer Art.

Petri Heil dem tapferen Manne!

MAIN
NEUSTADT a.d. AISCH
WEIHERHOF
SEEHAUS
TANZENHA
BRUNN
EMSKIRCHEN
AURACH
ZENN

Monotypie